Für Frau Adelheid Württemberger
mit lieben Grüßen!
– zu lesen in Momenten der Ruhe
und Stunden der Heiterkeit,
die sich hoffentlich mehren mögen...

Felix Rudolf Durm

Kleine Küsse

oder

Die Versuchung des Lichts

(Gedichte und mehr ...)

Lichtschwert - Verlag
Hamburg

Die Deutsche Bibliothek – CIP-Einheitsaufnahme
Ein Titeldatensatz für diese Publikation ist bei
Der Deutschen Bibliothek erhältlich.

Durm, Felix: Kleine Küsse
1. Auflage Oktober 2000
Hamburg: "Lichtschwert-Verlag"
© Copyright 1981 – 2000 by Felix R. Durm
Gesamtherstellung: Druckerei Strauss (Mörlenbach)
Einband: nach einer Idee von Felix R. Durm
Titelphoto: © Copyright 1999 by Felix R. Durm
(Modell: "Marleen F." > Agentur "Aquarius", Hamburg)

ISBN 3-9807002-1-6

für
Anželika
Zagafranova

in Liebe

Kleine Küsse

Oben, unten, links und rechts –
Lauter kleine Küsse!
"Schmatz!" so singt und klingt es,
Wie glücksgeladne Zungenschüsse.
Die Seele flattert himmelwärts.
Dein Näschen kräuselt sich im Scherz ...
Mir ist als ob ich fliegen könnt'
Und nur zur Tarnung laufen müsse – .

Abendstunden

Ich mag die frühen Abendstunden,
verträumt, voll von Geschäftigkeit.
Die große Hektik ist verschwunden.
Schon herrscht fast Gelassenheit.
Das Licht klingt aus – .
Das Licht klingt an – .
Nur mancher rennt noch ein paar Runden.
"Eile nicht – wir haben Zeit!"
So viel Zeit – .
Man hört es nicht
– ist schon entschwunden ...

Erfüllung ruft heimlich

Erfüllung ruft heimlich
aus verschlossenen Türen.
Leuchtendes Haar winkt herein mich,
will neckend verführen.
Ich ahne die Eine an jenem Ort.
Die Sehnsucht, sie quält mich,
muß ich doch heut fort.
Mein Blick fleht ein "Warte!"
Mein Herz, es klopft bittende Zeichen.
Da endlich – im Geiste – die Stimme:
"Ich warte –
bis wir uns die Hände reichen!"
Oh Himmel, bald kehre ich wieder – !

Mädchen am Brunnen

Mädchen am Brunnen,
Den schönen Fuß im kühlen Naß,
Lauschend hohen Sommers Summen,
Jung, verspielt, lieb, hoffnungsvoll – .

Dein Rock ist reizend hochgerafft,
Dein Blick, so scheu und doch kokett.
Dein Lächeln auf der Wanderschaft
– Sonnenstrahl auf Wiesenbett,
Winkt stolz der Nymphe
– Bronzene Schwester im Brunnenrund ...

Quellen

Ideale –
Wie Wasser zum Leben
Doch wo Volk ist dein Durst ?
Quellen muß man suchen
Im Gebirge und im Boden

"Gedanken"

Gedanken – Geh danken!
Geh danken, Gedanke – ...!
"n" Gedanken, "G" danken –

Blick aus dem Fenster

Lieber die Taube auf dem Dach ...
Meine Welt sind die Dächer –
der Abgrund zwischen den Sternen und
einem Vergißmeinnicht im Gras.
Wie eine Katze jage ich,
flink im schleichen.
Wen kümmert es, falls ich stürze?
Doch nur die Taube –
oben – auf dem Dach ...

Im Osten geht die Sonne auf ...

Lache!
– Engel aus Estland!
Tanze!
– Süßes Tartarenmädchen!
Springe!
– Kleine Steppenreiterin!
Singe!
– Geliebtes Mäuslein!
Freu dich des Lebens!
– Mein wunderschöner Himmel, du!
Suche dein Glück!
Folge der Sonne Lauf!
– In meine Arme!

Tageszeiten

– Der Tag: ein Freund (?)
Der Abend: eine Geliebte – .
Die Nacht: eine geheimnisvolle Fremde ...
Der Morgen: eine kleine Tochter – !

Winter und Frühling

Klarer nie als durch der Träne Fenster,
wirst du gewahr,
was in Träumen verborgen,
wunderbar,
nur im Schlummer erahnt.
"Du" – farbvoll und ewig
im Lichte verwoben ...
In Tau erblühte Erdbeerluft ...
Sich huschend einschleichend,
lang versteckter Liebe Duft ...

Familie

Ein neues Gesicht hat dieses Haus.
Es sieht jetzt bunter, heller aus,
hat Augen wie von Pfauenschwingen,
Markisen, die im Winde singen ...
Größer – jünger wirkt es.
Wunder birgt es.
Leben füllt den ehemals müden Flur.
Lachend schlägt die Pendeluhr.
Stunde endet – Lampion blendet.
Die Zeit zieht sich zurück ...

Die Elfe

Die Nacht ist lau, das Land scheint leer,
am Himmel zieht klagend ein Geisterheer.
Tief im Wald,
fern der Dörfer und Städtchen,
erhebt sich verklärt ein gar liebliches
                            Mädchen,
gehüllt nur in hauchfeinen Nebel ...
Das Mondlicht badet sie in silbrigen Schein.
Ihr Blick ist klar, ihre Seele ist rein.
Im wallenden Haar einen Fliederkranz,
hebt sie ihre Füßchen zu anmut'gem Tanz,
hüpft sie und krümmt sich extatisch – .

Tausend lange Augenblicke

Tausend lange Augenblicke
Tausend bunte Lichter in der Stadt
Tausend kleine Liebesseufzer
In klarer, heißer, feuchter Nacht
Durch meiner Liebsten kesses Zünglein
Artigst um den Schlaf gebracht ...

Jahreszeiten

Der Winter: eine kühle weiche Decke
Der Frühling: ein Lächeln voller Hoffnung
Der Sommer: ein Schiff mit weißen Segeln
Der Herbst: ein großes Feuer!

Die Fahne der neuen Revolution

Die Fahne der alten Revolution
ist der Rauch brennender Stätten
bestehender Herrschaft,
und sie dringt wie ein Pesthauch
aus den Mäulern der aufgepeitschten Meute.
– Die Fahne der neuen Revolution dagegen,
weht in den Herzen der Liebenden
vor dem Altar des Lebens,
fließt aus den Händen der Schöpfenden,
lacht aus den glücklichen Augen
unserer Kinder
und dem ewigen Schein einer Sonne ...!

Lasse sie uns ergreifen, diese Flagge
– du, meine Liebste!
Lasse uns anrennen gegen den Wind!
Wider die Hetzer! – Wider die Grenzen!
Gemeinsam der Zukunft entgegen!

Die Zombies der Ordnung

Diener des Staates,
Peiniger der Menschen,
In euren sturen Hirnen
Pulst träge das blutige Öl
Der Zukunft gestohlener Macht.
Orden schmücken euch
Wie die Plaketten
Von Stiftung Warentest –.
Ihr funktioniert!
Wie es Menschen tun,
Wenn sie tot sind!
Ihr seid die Zombies der Ordnung
– Totengräber der Freiheit
– Feinde der Liebe,
Bürokraten und Soldaten ...

Entkommen

Ein Spiegel spiegelt einen Spiegel.
Ich schau und suche mich.
Das Ding da irgendwo dazwischen,
das bin vermutlich ich.
Der Teufel hat mich heut' geritten.
Ich spür' noch immer seine Sporen.
Ein gräßlich scharfer Höllenwind,
der pfiff mir sanft um beide Ohren.
Und wär' da nicht
– so zum Ausgleich in dem Streite –
das alte Licht,
die "andre, gute, edle Seite,
das Grauen packte mich mit Weh,
wenn ich jetzt in den Spiegel seh'!
Drum Dank sei Gott!
Und Dank dem Bild von dir,
das treu ich hege tief in mir ..!

Mainacht

Nacht – wunderbar durchlebt
Melodisch, gläsern das Ticken der Uhr
Tausendfaches Flimmern nur
Duftgekitzelt, feindurchwebt
Die Luft in Silberglanz
Sich zärtlich regt
Lächelnd steht das Leben auf
Ins Schweben kommt des Lebens Lauf
Die Liebe hat ihr Lieb zurück
Und Lichter künden still vom Glück

Ein Pferd

Es war einmal ein stattlich Roß,
das hatt' 'nen Obersten zum Boss.
Nun rief's, die Zeit zum Kämpfen
                          sei gekommen.
Das wollt' dem Pferdchen gar nicht frommen.
Der Herr versucht es mit Gewalt.
Er kürzt des armen Tiers Gehalt.
Er schlägt es mit der Peitsche gar.
Er legt ihm seine Pflichten nah.
Zuviel! –
Das Vaterland, das ruft,
das Pferdchen aber huft!

Die Frage

"Ich könnte dich lieben – ja.
Vielleicht in einer anderen Welt
wär' ich dein ..."
"Du bist so schön!"
"– Dein, ganz ohne Geld."
"Deine Augen – ..."
"Ja."
"Bist du glücklich?"
"Jetzt da wir uns lieben?
Wenn Liebe Glück bedeutet –
und Zärtlichkeit Liebe.
Ja, ich bin glücklich –
in diesem Moment."
"– Danke!"

Verliebtheit

Die Sonne hat mich geweckt
Ich hatte einen Traum heut Nacht
Da war deine kleine Hand
Du lachtest mich an
Ich war erwacht
Du schautest
Und alles begann
Wie schön sie ist – die Sonne

Stadtfieber

Licht –
– In einer Neonwelt?
Schatten –
– Liebe für Geld
Herzen –
Herzen so kalt?
Sehnsucht –
Sehnsucht so heiß!
Fragen so alt –
Tränen der Preis
Und überall Musik ...
Einsamkeit –

Einsamkeit

Einmal sah ich dich Lächeln –
Auch deine Augen.
Ich sagte dir: "Ich liebe dich."
Aber dann ...
Wie lange ist es jetzt her?
Es ist kalt draußen.
So kalt –.

Wiedersehen

"Entschuldigen Sie ..."
"... Ach du ... – "
"Eigentlich wollte ich ..."
"Was ...?"
"Ach, nichts. – Es ist spät."
"Nein – nein, es ist früh."
" – "
"... früher Morgen!"

Was ist es ...?

Was ist es –
daß in jenen Nächten
ein jeder Hund,
die Brust
so stolz geschwellt,
pausenlos
den Mond anbellt
– ?

Monate später

Im Sommer hab ich dich erkannt
Am Licht in deinem Haar.
Im Winter nun erkenn' ich dich
An zartem Rund – so wunderbar!

Erkenntnis

Der Tod bringt nicht Erkenntnis
Bringt nur Erinnerung
Bringt nur das Leben neu zurück
Denn Gewißheit ist nicht Finden
Suchen ist schon Ziel
Lebe dein Leben gut
Weil es nicht dein einziges ist
Überschreite die Schwelle zum Hier
Nimm mit die Schwelle zum Dort ...
Erkenne dich
Verwandle den Ort
Liebe das Du
Sei bunt immerzu ...!

Im Kreis der Natur

Freiheit heißt ...
Schmecken den Schmerz
Riechen – reichen das Glück
Jagen – wie ein Tier in den Wäldern
Atmen den frühen Dunst
Über den Feldern
Dicht am Boden
Das Gras, die Erde spüren
Erwachend das Ich zur Quelle führen
Tanzen im Grün zur Musik der Sonne
Mischen den Tau mit Schweiß
Lieben das Leben
Leben die Wonne
Lächeln und Lachen
Küssen was lieb dir mit Fleiß ...

Victoria

Die Nacht weht vorüber.
Das Leben folgt,
gleich einem Delphin in blauer See.
Stille hascht den Augenblick.
Und dann ...
Majestätisch grüßt das Gold der Sonne
die grünen Hügel Victorias
– die dampfend, wie aus Träumen nun erwacht
den kühlen Kuß des Morgens trinken ...
Der Tag ergreift den Wanderstab!
Freiheit!
Freiheit – ein Pfeil, vom Ziel gelenkt!
Ziel – vom Schützen erkoren!

Freiheit

– Freiheit!
Die Freiheit ist schön – ist unnahbar.
     – Freiheit!
Die Freiheit ist ein junges Mädchen.
"Ungehorsam" ist ihr Spitzname.
Ihr Beruf ist die Liebe ...
Mächtig pflegt sie anzugeben!
          – Freiheit!
Sie ist maskiert.
Nur wer sie erkennt kann sie gewinnen!
          – Freiheit!

Momente des Sieges

Momente des Sieges –
gleißende Strahlen aus dem Herzen
der kosmischen Lebenskraft,
die Seele vibrieren lassend ...
Sphärenklänge mischen sich
mit dem glückseligen Lachen
junger Mädchen ...
Die Fackel der Freiheit
faucht jubelnd gen Himmel
– jeder Funke ein Stern!

Schlaf schön, Mäuslein!

Ich deck' dich zu – mein Mausemädchen,
sag dir zärtlich gute Nacht.
An deinem Nachthemd irrt ein Fädchen.
Wir haben Ungezogenes gemacht ...
  (Es war schön! – Nun schlaf! ...)
Zwei Äuglein wie von Tau benetzt.
Dein Haar wie dunkelbraune Seide.
Die Nacht wie mit Kristall besetzt,
dem Augenblick zum Kleide.
Ich schau dir lang ins Angesicht.
Dein Lächeln stiehlt dem Mond sein Licht
– das schlummert über sanften Hügeln ...
Mein kleiner Phoenix der Sehnsucht,
du winkst mit Engelsflügeln – .

Reife

Von Anbeginn bist du vollkommen –
doch in tiefe Schleier eingesponnen.
Glaubst du – ein junger Mensch,
zu reifen ganz aus dir heraus? – Du irrst!
Im intensiven Leben
den Ursprung neu zu finden,
dich wieder zu entdecken im strebenden Erleben
– nicht Aufgeklärtheit – nicht Abgeklärtheit
– nicht ängstlich sich vergleichen ...
Das ist reifen!

Der Rat des Weisen

Deine Person sei ein Epos
Dein Leben sei ein Hymnus
Eine Welt sei deine Liebe
So wird dein Name ein Gedicht!

Gleichnis eines großen Lebens

Die Flamme winkt
Die Flamme zuckt
Wird größer mal
Und kleiner dann
Bis sie trifft
Die Feuerbombe zündet
In Lavaströmen mündet
Lichtermeer der Sonne

Photographien

Die Photos, die ich hab von dir
sind für mich mehr als nur
Abbilder deiner Schönheit.
Sie sind die Kondensstreifen
deiner an meinem Himmel
vorübereilenden Seele ...
Sie geben meiner Freiheit Schmerz
und meinem Herzen Macht.
Flieg nach Hause Engel!
Und wenn du willst,
dann lache über mich ...
Ein ganz kleines bißchen
hab ich dich bei mir –!
... Was tust du jetzt?
Wie geht es dir? ...

Lolitas Füßchen

Sprache hat kein Wort
für solch geschmeidige Form,
für solche reine Zartheit,
da spottend jeder Norm
herrscht anmutsvoll Essenz,
herrscht Klarheit.
Der Lockung Gipfel –
junge Haut zum Kleide
– edelster Himmelszipfel,
niedlichste, appetitlichste
Augenweide!

Londoner Straßen

Londoner Straßen
Geheimnis in Leben getaucht
In maßlosen Maßen
Werden Wunder verbraucht
Doch stirbt nichts ohne zu werden
Sehr oft wird was lange schon war
Gespenster weiden wie Herden
Träume werden hier wahr
Der Mond ist hier Mond nicht allein
Er blinzelt wie schelmisch
Fast scheint's, daß er spricht ...
Jetzt wirkt wie blau des Mondes Schein
Die Menschen, sie lieben
Und tanzen in seinem Licht
  "Hello, Sir! – Taxi?"

Auch Taten können Lüge sein ...

Die Wahrheit ist, daß ich dich liebe!
Lieb du auch mich!
Tu's inniglich ...
– Und alles andere Tun ist Lüge!

Deine Augen

Aus deinen lieben Augen
scheint beredt auf mich
die Blüte deiner Jugend,
und die Sucht nach Hoffnung
spiegelt sich darinnen blau
und glimmt darinnen rot,
gleich Glut, die sich verbindet
einem klaren See –
gleich einem wolkenlosen Himmel
im allerletzten Abendrot
des allerletzten Tages
der Schöpfung ...
Zärtlich brennst du Herzen nieder
mit Augen, die zum Siegen taugen!
Du – mit deinen Augen –
bist wie die Sonne
– nur bunter noch
und wärmer ...!
Dein Licht sei mein Licht
und ich in deinem Lächeln!

Das liebe Geld

Das liebe Geld
ist gar nicht lieb!
Es ist der Ruhe sünd'ger Dieb
in einer viel zu teuren Welt!
Und liebtest du's,
dich liebte es nicht wieder!
Man braucht's nur um es loszuwerden.
Es ist kein Stoff für schöne Lieder ...
(An dieser Stelle pflege ich meistens
meinen Hut herumzureichen.)

Kindereien

Ich bin dir dein Böckchen!
Ich küß dir die Söckchen,
komm dir unters Röckchen ...
Und nenn dich mein Glöckchen – !
Komm, du kleine Frühlingsblume!
Laß mich deine Raupe sein!

Weihnacht im Hafen der Liebe

Wir finden uns friedvoll am Wasser
und sind uns dort Bescherung.
Wir schenken uns den Augenblick,
die Zukunft und die Ewigkeit.
Wir feiern und spielen
und sind zu Heiligem bereit.
Geduldig fragend branden die Wogen
deiner angstlosen Zärtlichkeit ...
Ich seufze verzückt.
Du lächelst beglückt.
Wir sind Engel und sind Diebe –.
Wir feiern Weihnacht im Hafen der Liebe.

Es ist aus

Die Zeit fließt weiter ohne dich.
Dein Körper ist ein Fragezeichen.
Kerzenflammen gefrieren in deinem Blick,
der in nicht vorhandnen Fernen
hoffnungslos sucht nach den Sternen.
Du atmest wider deinen Willen,
während dein Geist ein Nichts gebiert.
Du brennst – eiskalt – ohne Rauch
und bar jeder Energie.
Deine Seele zittert.
Doch all das kümmert dich nicht.
Denn in diesem Augenblick
existierst du gar nicht.

Du

Du –
Mein ewiger Gedanke ...
Ein glimmend tiefer Schmerz,
mit dornenvoller Ranke
gebunden an mein Herz –.
Du – immer du!
Mein Segel und mein Untergang.
Meine längst vergangne Zukunft.
Du – immer du!
Ich bin in dir verweht
und lache, denn
wenn einst diese Welt vergeht –
dann finden dich meine Tränen, ...
(... legen sich gleich brillantenem Tau
krönend in dein Himmelshaar,
führen uns zusammen in ein
sich ewig schmiegend Sein ...
Göttinnen im Zauberwald –
Liebende im Feuerschein! ...)

Gestohlner Sommer

Sonnenschein, der sich verweigert
Vertraute Hand, die sich verwehrt
Spannung, die zu Angst sich steigert
Dunkles Sehnen, das sich mehrt
– Im gestohlnen Sommer

Regen der nach Donner sucht
Kälte, die mit Klauen
Wild zerreißt den schönen Traum
Alltag, der sich selbst verflucht
Zweisamkeit, die ohne Raum
In Floskeln sich verschwendet

Die alten Geister sind verschwunden
Nicht mehr anzurufen die Götter der Natur
So vergehen fahl die Stunden
Nur Zorn belebt – harrt aus – bleibt stur

Wenn ich nur könnt, so würd' ich fliehn
Geradeaus den Blick, ins Land des Lichtes ziehn
Doch Zeit und Geld sind Herrscher
                        über Menschen
So bleibt mir eines nur:
  das Schwert, das heißt: "Ich will!"
– Das Feuer, welches heißer brennt ...!

Ballerinen

Sie spielen das Leben
begriffen als Traum.
Sie leben die Anmut
ergriffen vom Raum ...
Sie erscheinen gleich Blüten
sich wiegend im Wind,
obschon in Wahrheit – selbst Winde,
Herrinnen sie sind ...
Ihre Augen erstrahlen,
sehnend und stolz,
während ihr Mund in Stille
einen Geist verwöhnt
und ihre Arme und Beine
vollendet in zierlicher Schönheit
zum Himmel beten,
um Ewigkeit im Augenblick ...
Tanzend hauchen sie so
der Welt ihren Kuß auf
und erschaffen
eine neue Farbe des Lichtes der Liebe –.

Worte nur

Worte nur?
Worte wie Blütenblätter
Worte wie Frühlingsregen, tropfend in dein Haar
Worte wie Bäume, rauschend im Oktoberwind
Worte wie die Abdrücke kleiner Füße
 – jener der geliebten Tochter am Strand ...
Worte wie Blitze aus platinblauen Wolken
Worte wie zärtliche Küsse,
mit kleiner, spitzer Zunge
frech und stilvoll ausgeführt ...
Worte, die töten und Worte, die Leben schenken
Worte, die Taten sind – wie Blicke

Frühlingsgefühl

Bei mir sollst du glücklich
 – und mir sollst du sein:
eine blühende Wiese
im Maiensonnenschein!
Schmetterlinge in den Augen,
Wind auf der Zunge,
Sonne im Herzen ...
Und tausend kleine Verrücktheiten,
wie ein Heer von Gänseblümchen
im grünen Meer deiner lieben Seele,
wo Träume gleich stolzen Bäumen
wachsen – Träume vom Glück –
unter denen ich Frieden finde,
genese und erstarke –
lachend, dich inniglich liebend,
mich freudig verregnend an dich ...

Erinnerung

Früher warst du mein Lebenstraum.
Nun bist du wie ein alter Baum
im Garten meiner süßen Träume,
der blüht, wenn ich den Tag versäume.
Dann wird Erinnerung zum Geschenk,
ein fernes Licht an das ich denk ...
Ich hab dich Engel nie besessen,
werd' auch dich Himmel nie vergessen,
werd' nie das süße Sehnen missen
 – hin zu dir!

frivoler Mädchen-Kalauer

"Kirsten, kuck!
 – Kerstin kauernd in Kissen,
kindlich-kess küssend,
keck kapernd Katinka ...!"

Nachtisch

Zum Nachtisch zieh die Schuhe aus ...
Das Licht ist grade recht – .
Wird's mal zu laut, verstelln wir uns
und sagen
            ... uns wär schlecht.

Ich lieg und steh ...

Ich lieg und steh –
und mal ein Bild.
Die Schönheit hat es sich bestellt,
in Licht, Pastell und Flittertanz,
dazu gedacht: ein Blütenkranz!
 – dazu gedacht:
ein duftend Meer von Schweiß ...
Du lachst?
Ich lieg' und steh' –
und mal ein Bild – in Dir ...

Sonne und Schnee

Kleines Elfchen "Sonnenstrahl"
küßt heiter und ganz unbedacht
Schneeflöckchen auf der Wanderschaft ...
Schneeflöckchen funkelt,
schmilzt dahin –
stirbt still hinein ins neue Leben.
Elfchen handelt –
Licht das wandelt,
mit Lippen voller Ewigkeit ...

Aischa

Du schaust mich an,
den Frühling Indiens in deinen Augen ...
Ein kleiner Brillant an deiner Nase
schmiegt sich an – funkelt,
flüstert,
so wie Palmen flüstern im Wind ...
Lächelnd sprichst du
die Worte des Tages.
Lautlos hauchst du
die Lieder der Nacht –
in Fernen entschlafen,
zum Träumen erwacht,
findend,
im Lieben versunken.

Netti

Der Abend kommt mit Seidenstrümpfen
In Schwarz und weißem Mieder
Voller Duft, Luft – voller Lieder
Buntes Licht auf nassen Gläsern
Blumenspiel am Marmortresen
Anmutige kleine Hände
Anmutige kleine Füße
Ein hübsches Köpfchen
Lieb und gescheit
Du schwebst durch den Raum
Wie die Musik
Likör, Kaffee, ein Bier mit Schaum
Du trägst ein silbernes Tablett
Die Augen voller Glück
Du segnest ... bist so nett –
Scheu, kokett und rein
Ach ewig – ewig bei dir sein!

Dinner mit Schulfreundin

Noch nie hab ich dein Haar
in diesem Licht so lang betrachtet ...
Dein Duft läßt deine Haut erahnen.
Deine Augen flüstern – wenn dein Mund
nur schön ist – schweigt.
Der eine Knopf steht scherzend offen.
Der andere auch ...
Was er sich dabei dachte?
Ein Lied bewegt dich, Takt um Takt.
Ich lausche still – ich seh' dich an.
Wie dir die edlen schwarzen Strümpfe stehen!
Du schließt deine Augen ... summst,
ziehst langsam deine Schuhe aus
und lächelst – wissend ...

Gesche

Du und deine kleinen Füßchen –
ihr paßt so gut
zu Knoblauchbaguette und süßem Wein,
zu ungezogenen Gedanken und
Spielen bei Feuerschein ...

Du bist ein herrlich schönes Wesen –
fehlt nur ein schlanker, glatter Besen
zwischen deinen heißen Schenkeln ...
– Liebes, du bist ja ganz naß!

Schau, ich hab da was für dich –
ein Besenstiel ist's nicht ...
Dafür ist's von mir.
Aber gut tut's,
das versprech ich dir!

Komm, schmieg dich an mich
Ich halte dich fest ...
Wie lustig – !
Tanzen seh' ich's in deinen Augen – wild ...

Laß es uns tun – !
Laß uns tanzen!
Dort auf der Wiese
lasse uns ruhn,
lachend unter den Sternen!

Nacht der Göttin

Sommermondes klares Gelb
entkleidet sanft die schwarze Nacht ...
Zur atemlosen Erde fällt
raschelnd ein Gespinst aus Dunkel –
lockt der Seele schweifend' Blick
zu einem Sari leuchtend blauen Himmels,
bestickt mit Feuer von Brillanten,
unter dem die nackte Göttin
voller Anmut, ewig jung –
den wilden Tanz der Träume tanzt,
sichtbar nur für seltene,
der Sehnsucht zu eigene Augen ...

Weltendämmerung

Die große Flamme steigt zum Grund ...
Ein Stern zerbricht im Fensterglas – .
Zwei Welten tauschen Küsse aus!
Die Nacht besetzt das weite Rund ...
Doch Licht siegt hinterm Horizont – .
In bloß erahnter Gegnerschaft,
im Herzen goldner Dämmerung ...
Zwei Freunde reichen sich die Hand,
Wandel löst die Herzen,
befreit gefangene Zeit – .
Die Liebe zündet Kerzen ...
Der Tag ist jetzt so weit ...

Hier, am Rand des Brunnens ...

Mädchen mit den Feueraugen,
dem langen, wild verwehten Haar ...
Du wartest auf dem großen Platz
mit Mitleidsblick auf neue Opfer,
das Geschmeide
samtig braungebrannter Beine
in vorgegebener Unschuld
weit gespreizt –
einen Teil von deinem Nymphenleib
von duftig-feinem Kleid verhüllt,
zum Zwecke nur, das andere
schöner, frecher noch zu zeigen ...

Du streichelst dich, wie aus Versehen,
spielst mit deinen kleinen Zehen,
winkst mit sanftem Lidesschlag,
fragst mit Gesten, wer dich Göttin mag,
dich ficken will inmitten aller Menschen,
dich küssen will bis auf den Grund –
hier, am Rand des Brunnens ...

Seelenfeuer

Ich bin der Wille und die Macht
Bin der Blitz in drohend finstrer Nacht
Bin der Wunsch und bin der Traum
Bin des Lebens stolzer ewger Baum
Bin das Lied, das dich in Schlummer wiegt
Bin das Schwert das jeden Feind besiegt
Bin der Aufruhr – die Vision!
Ich bin das Seelenfeuer!

Der Ruf des Lebens

Ich steh und hör
von wildem Traum erwacht:
Es schleicht ein Seufzen
durch die Nacht,
so seltsam süß,
so traurig – ach,
so sehnsuchtsvoll,
verwehend – ...

Mein Auge sucht.
Das "Andere" huscht
vorbei am Himmelszelt –.
Es eilt und singt
vom Mond erhellt
ein Flammenlied so rot –.
So unsagbar, so schön
lacht es von fernen Höhn ...

Es ruft mir zu:
"Sei stark, mein Freund!"
Scherzt mit aller Liebsten Mund,
segnend allen Herz und Stund',
da Zärtlichkeit Vernunft besiegt ...
Ist schwach der Mensch,
die Nacht ist stärker
– die Angst, ein selbstgebauter Kerker!

Da packt's mich an mit heißer Glut.
Dann streift's mich seltsam kalt,
so wie von magischer Gewalt ...
Verzückte Bilder jagen mich –.
Das Land umher ist frei, ist alt
– ist freier noch als ich ...
Das Leben will, daß ich es wähle –.
Jubelnd "ja" schreit meine Seele!

Ayers Rock

Mitten in Australiens Weite
blüht wild die Rose der Titanen,
blüht stolz und stark der Ayers Rock –
Magie von Wind und Ewigkeit
genährt vom Licht des Meeres ...
Zu jenem Felsen möchte ich wandern
mit dir im Schein der roten Sonne,
die vollendend ihre Bahn sich krönt –
will höher und immer höher dann,
auf dem heil'gen Haupte jener Welt,
mich zärtlich findend in dich,
lebendig in dir – Gott erfahren ...
Will dich lieben im irdenen Herzen
des träumenden Giganten –.

Spontaner Kontakt

Du schaust –
und ungeborene Leidenschaft
lenkt meinen Blick in deinen
– ungezogenes Gebet ...
Dein Lächeln – eine Zeugung!
Licht auf deiner Zunge.
Deine Stimme – lockendes Leben,
dein Lachen – süßes Feuerwerk!
Rubine räkeln sich appetitlich
in deinen zierlichen Sandaletten –.
Komm! – Laß uns im Regen tanzen!
Die Liebe ist ein nasses Spiel,
und Lachen ist Bedingung
für Beginn, wie für Gewinn ...!

Du, Ich, Gott und das Meer

Das All selbst sehnt sich nach Liebe.
Gibt es etwas, das unendlich ist,
so ist es dies: die Ewigkeit der Sehnsucht!
Sie ist überall zu spüren, jederzeit, zeitlos
– ein Meer, in dem wir Wellen sind,
rauschend, blitzend, versinkend und
wiederkehrend – lebendig ineinanderfließend
...
Öffne die Augen der Seele!
Du siehst: Du bist nicht allein!
Lerne schwimmen – sehen – lieben ...!
Wisse: Ich bin dein!

Ein Lachen kann noch ehrlich sein

Ein Lachen kann noch ehrlich sein,
ein Kuß kann noch "gefährlich" sein
– ein Ruf, so zärtlich wie der Wind!
... Solange in unsern Herzen
wir ganz noch Kinder sind!

Armors Wirken

... Und trifft die Liebe mich,
wie Wachs schmilzt da mein Herz
in schönste Formen –
lebendiges Juwel,
das mit Flügeln sich erhebt,
heilig schön dem Licht ersteht ...

Mitternacht

Mitternacht –
Der Müll tanzt in den Straßen ...
Der Mond grinst.
Auf dem Felde dort ...
... küssen sich zwei Hasen.
"Es ist wie's ist,
und so wie's ist ist's gut."
Ob du wohl leise ahnst
was dort im Dunkeln ruht ...?

Hin und her

Sehnsuchtsvoll schwebend
Sucht dich mein Blick
Juwel eines Lächelns
Kehrt zu mir zurück –

In deinem Haar die heitre Sonne
In deinen Augen Liebesglück
Deine Lippen seufzen leise Wonne
So süß nun sehnst du mich zu dir
Und ich folge Stück für Stück ...

Seeliger Feierabend

Musik, die in die Herzen dringt,
Ein Augenpaar, das zärtlich winkt,
Glühwürmchen in deinem Haar,
Lachen aus der alten Bar,
Wo Lebensfreude schwebt,
Wo Liebe dich bewegt,
Hier verweilst du gerne.
Und der Kerzenschein im Spiegel
Ist wie der Spiegel deiner Seele ...
Hinter dir die Ferne.

An die schüchterne Geliebte

Reich mir deine zarte Hand!
Senke scheu den süßen Blick!
Sei's ein "ja", so nick!

Hymnus

Gleisend spritzt der Sonnenstrahl
Von der brodelnd heißen Quelle,
Singt zum klingenden Fanal
Des Lebens Hymnus schönste Stelle!
Jauchzend tanzt mein Ruf durchs All,
Lautlos, doch mit Donnerhall.
Brenne Fackel ew'gen Glückes,
Lodre zum Gestirn empor,
Der leise Himmel deines Blickes
Bringt das Göttliche hervor!

Rastloser Geist

Rastloser Geist ...
Auf was reimt sich Geist?
Suchen um zu verlieren!
Loslassen zum Gewinn!
Ruhelos Erfüllung leben!
Ständiges Enden im Beginn!
Den namenlosen Wunsch erstreben!
Sich beugen dem Willen nach mehr
– Nach mehr!

Über den Gipfeln allen Lebens

Über den Gipfeln allen Lebens
Liegt der Schnee der Hoffnung
Strahlend wie Gold, im Wandel der Zeit –.
Höher empor mit Adlerschwingen,
Oder barfuß durch das Gletschereis,
Lockt uns des großen Zieles Singen,
Winkt uns der Sehnsucht heil'ger Preis ...
Du schlummerst
Suchend dich durch's Leben,
Weißt nicht, wo ein – nur aus ...
Bis ein sanfter Blick dich weckt
Und deine Seele in die Freiheit küßt,
Die du in dir nur findest –
Wenn du liebst.

Der Auftrag

Dein Weg ist weit.
Doch sei bereit!
Es verrinnt die Zeit.
Vor dir das Tor zur Ewigkeit.
Vom Kampfe besessen,
Vom Tode vergessen,
Vom Bösen berührt,
Vom Guten geführt,
Hast du,
Die Schönheit und Liebe
Zu seligem Spiele –
Des Himmels Sieg
Allein nur zum Ziele!

Zeit der Helden (?)

Ein Herz, das sich im Kampf verzehrt,
Ein Schwert wie dies, von Blut genährt,
Ist dies auch alles was mir bleibt,
Den Edlen trifft das Schicksal laut –
Verzeiht!
Erst wenn die letzte Schlacht geschlagen
– Weint nicht! – Ihr, die endlich frei ...! –
So sollt ihr mich vom Felde tragen!
Der letzte Atem meiner Lungen
Ruft aus den Sieg, den ich errungen!
Fürwahr, dies ist
Des Drachen Tod – die Zeit der Helden!

Du reitest

Du reitest!
Dein Haar träumt wehend
mit der Adlerschwinge – .
Auf dem Rücken deines Pferdes
jagst du den Wind ...
– den Wind, der Leben ist!
... trinkst du die längst vergessene
 Freiheit – ...

Herz voller Schönheit

Herz voller Schönheit! ...
Zum Siegen geboren,
Entläßt dich die Nacht in den Tag
– Das Leben zu lieben,
 Liebe zu leben,
Wahrheit zu geben –.
Wo die meisten
Noch nicht einmal die Frage kennen,
Bist du die Antwort – .
Ahne das Licht
Hinter dem Spiegel!
Vertraue auf dein Schiff,
Auf seine weißen Segel ...

Unvermittelt Aug in Aug

Unvermittelt Aug in Aug –
Greller Blitz aus tausend Himmeln!
Hab dich berührt
Kaum einen Lidschlag lang,
Und doch war's wie Fanfarenklang,
Als mich dein Lebenshauch so sanft,
Wie zärtlich streifte...
Kometen jagen sich in meinem Herzen!
Entflammter Sehnsucht süße Schmerzen
Machen flehentlich rufen es nach dir!
Hätt' nur einen Wunsch ich frei im Leben,
Glückseligkeit durch mich für dich
 – Mein Engel,
Das vor allem wünscht' ich mir!

Mein Alles!

Du sollst wissen, daß
Kein andrer Stern in meinem Leben,
Keine Angst, die nicht um Dich – !
Das Glück läßt meine Seele beben,
Wenn ich weiß, du denkst an mich.
Unendlich dankbar bin ich dann
Und fühl':
Ein zärtliches Gebet in meinem Herzen
– Dein Lachen, wenn du glücklich bist
Mit mir –
Die Innigkeit, die wir uns schenken,
Das Wissen: ich gehöre dir!
– Vertrauen, unbeschwert
Und Liebe.

Liebesnacht

Es ist Nacht.
Zärtlich liebkose ich ...
ihre kleinen, zarten Füßchen.
Ganz sacht
streichle ich meiner Liebsten ...
Kopf und Bäuchlein.
In der Nacht,
halt ich an ihrem Lager
träumerisch Wacht.
Oh Liebe, wie bist du schön –
du himmlische Macht!

Einhornliebe

Ich weiß –.
Du hast es gesehen,
so strahlend und schön ...
Der Zweifel erwacht
erst im Spiegel der Nacht ...
Tränen der Unschuld
sind so rein nicht wie die
Tränen des Glücks –.
Auch Einhörner lieben
nicht ohne Begehren – und
morgen, da erzähl ich dir
von des Einhorns kleiner Tochter
– so schön und so strahlend,
so strahlend und schön –.
Du hast sie gesehen ...

Früher Sommerabend in der Stadt

Offne Fenster – Lichtgespenster
Zwei Mädchen, in der Sonne badend
   Lachen Scherzen
 Bald ist Abend
Nackte Füßchen
     Weiße Söckchen
        Rote Ziegel
 Schöne Augen – Seelenspiegel
 Sommer, Ferien, Popmusik
Eine kleine Wolke am Himmel
 Aufwärts strebt der Blick
In den kleinsten Freuden größtes Glück
 Spürst du den Duft der Freiheit
 – "Sweet little Girl" ?

Badewonnen

Kerzenlicht – Liebeslicht.
Du – Venus im Bade.
Ich – sehnend dieses Meer zu teilen.
Das Nordlicht findet sich in deinem Haar.
Tiefer das Kreuz des Südens ...
Heim zum Strand von Ithaka,
Zu jenen schönen Hügeln,
Die mir Heimat sind und Lust ....
Alles – alles ist begehrlich!
Von deinen Lippen weht ein heil'ger Wind.
Deine Augen schaun so zärtlich,
Wie es deine Füßlein sind.
Und deine kleinen Hände
Spielen – formen Löckchen,
Dort wo Nessi sich erhebt ...
Wie du lachst!
Ich nenn dich Glöckchen!

Auf magischem Floß ...

Durch's Gras weht ein verstörtes Munkeln.
Im Dämmer blinzeln schon die Sterne.
Mit tausend schönen Augen funkeln
Dort Feen aus blauer, klarer Ferne ...

Sie schauen auf das Land herab,
Mit Blicken süß doch voller Neid.
Der Grund: Sie haben uns gesehen,
In junger Liebe Frühlingskleid.

"Mit dir will ich im Mondschein erblühn,
Du duftende Rose singender Nacht!
Tief wohnt in dir ein zärtliches Glühn –
Ein Feuer von ewiger, sinnlicher Macht!"

Wir zwei kuscheln einander
Ins feuchtwarme Moos,
Unter Zittern und glücklichem Lachen ...
Wir treiben gemeinsam
    auf magischem Floß!
Wir feiern des Lebens Erwachen ...

Unterm Weihnachtsbaum

Mein Mädel unterm Weihnachtsbaum!
Wunderschön – so wie im Traum,
Hübsch verpackt, mit Schleifchen dran,
In waldbeerfarbenem Satin ...
Wie lieb – wie süß schaut sie mich an,
Wie spielt das Kerzenlicht ...
Glücklich zitternd,
Kann ich's kaum abwarten,
Dies Geschenk des Himmels
Flink und zärtlich auszupacken!
Da! Ein Strümpfchen hab ich schon ...

Nacht der Träume

Manchmal im Traum
Schwingt meine Seele Flügel
Ich träum' ich sei ein Wind
Der nächtens dir ums Fenster streicht
Manchmal hast du's geöffnet
Ich weh' hinein
Du liegst und schlummerst
Du träumst wie ich
Fast hab' ich dich erreicht
Da spür' ich dich
Da ahne ich –
Du schwebst – du fliegst
Längst hinter mir ...
Ein plötzliches Begreifen
Ein himmelschreiend Glück
Zwei Winde, die sich finden
Paar träumender Herzen ...
Wir reisen aus als Winde
Als Sturm kehrn wir zurück!

Alleine?

Nachts, wenn ich alleine bin,
vermiß ich dich so sehr!
Ich träum bei lila Kerzenschein
und denk dich zu mir her!
Und fühl ganz tief in mich hinein,
fühl voll Seligkeit dich Flämmchen
brennen in mir drin ...!

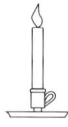

Zauber der Nacht

Das Mondlicht nach der Mitternacht
Küßt "anders" deine Seele,
Trifft "anders" deine Haut.
Auge der Stille im Dunkel wacht,
Blätter tuscheln mit dem Wind ...
Leuchtende Nacht ist deine Braut.
In zärtlich-wilder Flucht begriffen –
Die Schleier weißer Nebel ...
Frei funkeln die Sterne.
Wolken ziehn gleich Segelschiffen –
Suchende Geister der Liebe –
Lockendes Meer der Ferne ...

   Irgendwo – du!
      Irgendwann – wir!

Verzeichnis:

Seite

- 5 : Kleine Küsse
- 6 : Abendstunden
- 7 : Erfüllung ruft heimlich
- 8 : Mädchen am Brunnen
- 9 : Quellen / & / "Gedanken
- 10 : Blick aus dem Fenster
- 11 : Im Osten geht die Sonne auf
- 12 : Tageszeiten
- 13 : Winter und Frühling
- 14 : Familie
- 15 : Die Elfe
- 16 : Tausend ... / & / Jahreszeiten
- 17 : Die Fahne der neuen Revolution
- 18 : Die Zombies der Ordnung
- 19 : Entkommen
- 20 : Mainacht
- 21 : Ein Pferd

Seite

22 : Die Frage
23 : Verliebtheit
24 : Stadtfieber
25 : Einsamkeit
26 : Wiedersehen
27 : Was ist es ...? / & / Monate später
28 : Erkenntnis
29 : Im Kreis der Natur
30 : Victoria
31 : Freiheit
32 : Momente des Sieges
33 : Schlaf schön, Mäuslein!
34 : Reife
35 : Der Rat des Weisen
36 : Gleichnis eines großen Lebens
37 : Photographien
38 : Lolitas Füßchen
39 : Londoner Straßen
40 : Auch Taten können Lüge sein ...

Seite

41 : Deine Augen
42 : Das liebe Geld
43 : Kindereien
44 : Weihnacht im Hafen der Liebe
45 : Es ist aus
46 : Du
47 : Gestohlner Sommer
48 : Ballerinen
49 : Worte nur
50 : Frühlingsgefühl
51 : Erinnerung
52 : frivoler Mädchen-Kalauer / & / Nachtisch
53 : Ich lieg und steh ...
54 : Sonne und Schnee
55 : Aischa
56 : Netti
57 : Dinner mit Schulfreundin
58 : Gesche
59 : ...

Seite

60 : Nacht der Göttin
61 : Weltendämmerung
62 : Hier, am Rand des Brunnens ...
63 : Seelenfeuer
64 : Der Ruf des Lebens
65 : ...
66 : Ayers Rock
67 : Spontaner Kontakt
68 : Du, Ich, Gott und das Meer
69 : Ein Lachen kann noch ehrlich sein
70 : Armors Wirken
71 : Mitternacht
72 : Hin und her
73 : Seeliger Feierabend
74 : An die schüchterne Geliebte / & / Hymnus
75 : Rastloser Geist
76 : Über den Gipfeln allen Lebens
77 : Der Auftrag
78 : Zeit der Helden (?)

Seite

- 79 : Du reitest
- 80 : Herz voller Schönheit
- 81 : Unvermittelt Aug in Aug
- 82 : Mein Alles!
- 83 : Liebesnacht
- 84 : Einhornliebe
- 85 : Früher Sommerabend in der Stadt
- 86 : Badewonnen
- 87 : Auf magischem Floß ...
- 88 : Unterm Weihnachtsbaum
- 89 : Nacht der Träume
- 90 : Alleine?
- 91 : Zauber der Nacht
- 92 : >Inhaltsverzeichnis